과학 탐정스

1: 신비도의 비밀

기획 김수주

이화여자대학교에서 물리학을 공부한 뒤, 어린이들에게 읽는 즐거움을 주는 책을 꾸준히 만들고 있습니다.
이 책을 기획하면서 과학으로 문제를 해결하는 세 아이의 멋진 모습에 푹 빠지게 되었답니다.
기획한 책으로 《인간을 받아 줄 행성 어디 없나요?》 〈서바이벌 융합 과학 원정대〉 〈과학 탐정스〉 시리즈,
지은 책으로 《생활 속 수학 공부》 《콜록 숌즈의 과학 수사 X파일》 들이 있습니다.

글 조인하

숙명여자대학교에서 화학을 공부한 뒤, 출판사에서 오랫동안 어린이를 위한 지식책을 만들었습니다.
재미있는 책을 읽으면서 과학 개념까지 배울 수 없을까를 즐겁게 고민하며 이 책을 썼답니다.
지은 책으로 〈수학 탐정스〉 〈과학 탐정스〉 시리즈와 《인간을 받아 줄 행성 어디 없나요?》 《생활 속 과학 공부》
《어떻게 살아남을까?》 들이 있습니다.

그림 조승연

홍익대학교와 프랑스에서 그림을 공부하고, 지금은 어린이책 일러스트레이터로 활동하고 있습니다.
그린 책으로 〈수학 탐정스〉 〈과학 탐정스〉 시리즈, 〈똑똑 열려라, 한국사〉 시리즈, 《미래가 온다, 게놈》
《방과 후 초능력 클럽》 《행복, 그게 뭔데?》 《위험한 갈매기》 《탄탄동 사거리 만복 전파사》 들이 있습니다.

과학 탐정스 1: 신비도의 비밀

기획 김수주 | **지은이** 조인하 | **그린이** 조승연
펴낸날 2020년 8월 27일 초판 1쇄, 2025년 11월 1일 초판 6쇄
펴낸이 신광수 | **출판사업본부장** 강윤구 | **출판개발실장** 위귀영
아동인문파트 김희선, 박인의, 설예지, 이현지 | **외주편집** 김수주 | **출판디자인팀** 최진아
출판기획팀 정승재, 김마이, 박재영, 이아람, 전지현
출판사업팀 이용복, 민현기, 우광일, 김선영, 이강원, 허성배, 정유, 정슬기, 정재욱, 박세화, 김종민, 정영묵
출판지원파트 이형배, 이주연, 이우성, 전효정, 장현우
펴낸곳 (주)미래엔 | **등록** 1950년 11월 1일 제16-67호 | **주소** 서울특별시 서초구 신반포로 321
전화 미래엔 고객센터 1800-8890 팩스 541-8249 | **홈페이지 주소** www.mirae-n.com

ISBN 979-11-6413-596-7 74400
ISBN 979-11-6413-597-4 (세트)

책값은 뒤표지에 있습니다.
파본은 구입처에서 교환해 드리며, 관련 법령에 따라 환불해 드립니다. 다만, 제품 훼손 시 환불이 불가능합니다.

KC 마크는 이 제품이 공통안전기준에 적합하였음을 의미합니다.
사용 연령: 8세 이상

과학 탐정스

1: 신비도의 비밀

김수주 기획 | 조인하 글 | 조승연 그림

Mirae N 아이세움

«« 작가의 편지 »»

과학 성적은 최상위, 흥미는 최하위?

2015년, 세계 49개국 초등학생 31만 명을 대상으로 한 '과학 성취도 평가'에서 우리나라 학생들은 세계 2위로 최상위권을 차지했어요. 하지만 과학 공부에 대한 자신감과 흥미는 세계 최하위권에 머물렀지요. 왜 이런 결과가 나왔을까요? 과학에 즐거움을 느끼지 못하고 시험을 잘 보기 위해 지식을 외우기만 한 결과가 아닐까 해요.

그럼 어떻게 해야 어린이들이 과학을 어려워하지 않고, 재미있게 공부할 수 있을까요? 과학을 연구하는 사람들은 어릴 적부터 일상생활이나 주변의 다양한 현상 속에서 과학의 원리를 찾아보는 과정이 매우 중요하다고 해요. 그러면 큰 어려움 없이 일상생활에서 자연스럽게 과학을 이해하고 배울 수 있기 때문이에요.

이 책은 '재미있는 책을 읽으면서 과학 개념까지 배울 수는 없을까?' 하는 고민에서 탄생했어요. 이 책의 주인공들은 속담이나 명언을 말하며 잘난 체하는 '잘난 척 대마왕' 전자기, 키가 크고 힘센 잔소리꾼 '덩치' 강반달, 스타 크리에이터를 꿈꾸는 '수다맨' 조아해예요. 이들이 겪는 아슬아슬한 모험 이야기를 읽으면서, 손에 땀을 쥐게 하는 위기 때마다 빛을 발하는 주인공들과 함께 답을 찾다 보면, 저절로 과학 실력이 쑥쑥 느는 걸 느낄 거예요.

이제 과학이 함께하는 모험을 떠나 보아요. 준비됐나요? 그럼, 출발!

조인하

《《 차례 》》

작가의 편지

과학 탐정스 캐릭터 소개

제1장 베일에 싸인 신비도

제2장 위기에 빠진 아이들

제3장 밝혀진 비밀

정답

초등 과학 연계표

4쪽

8쪽

10쪽

50쪽

84쪽

122쪽

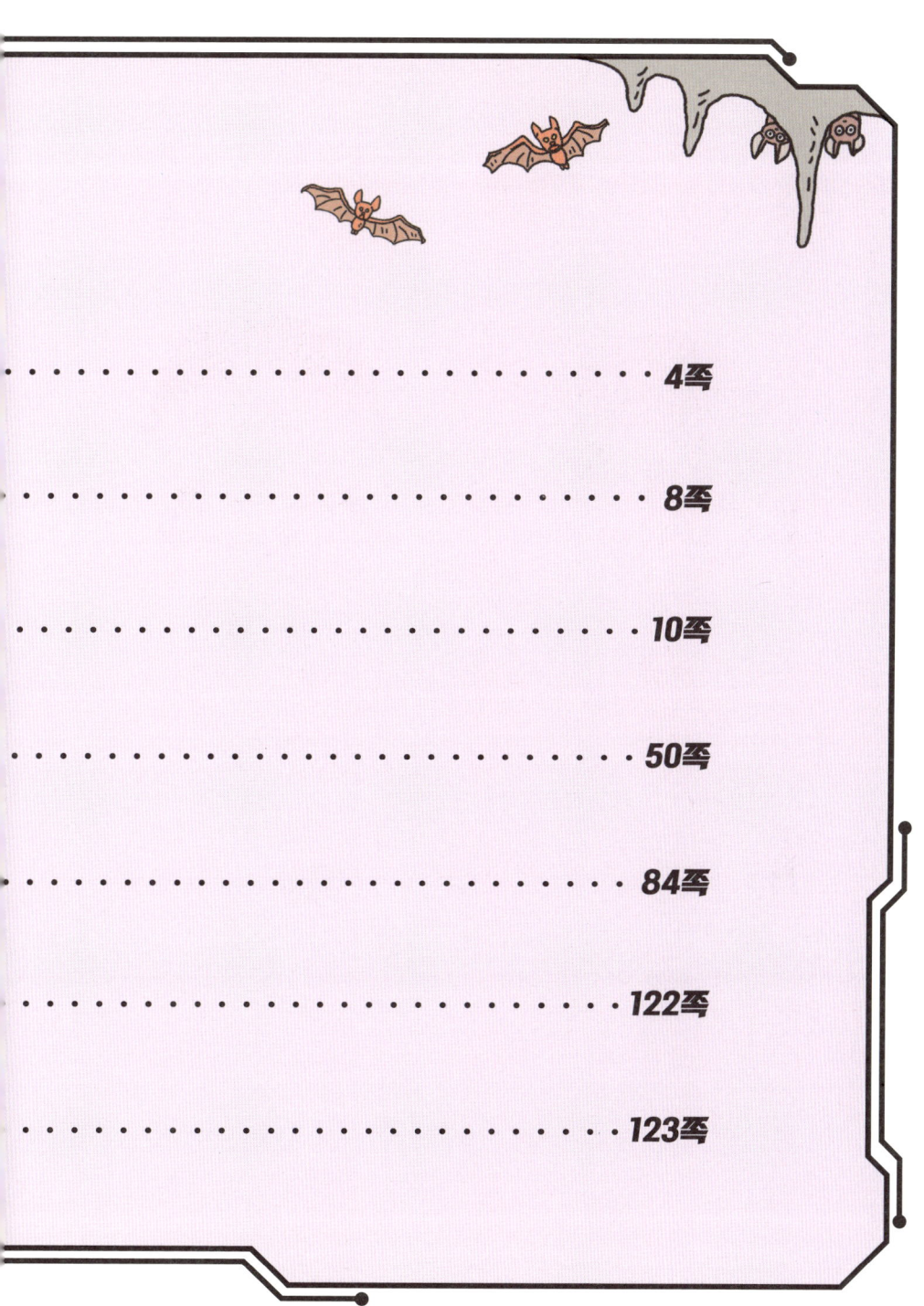

123쪽

과학 탐정스 캐릭터 소개

전자기

잘생긴 얼굴에 똑똑하기까지 해요. '물질'과 '운동과 에너지' 분야의 고수지요. 속담을 말하며 잘난 체를 하고, 자신의 말만 옳다고 우겨서 별명이 '잘난 척 대마왕'이에요. 생각할 때 손톱을 물어뜯는 버릇이 있으며, 항상 돋보기를 들고 다녀요.

강반달

키도 크고 힘도 세서 별명이 '덩치'예요. 호기심이 많고 오지랖도 넓어서 남의 일에 잔소리가 많아요. 선생님에게 고자질도 잘하지요. 하지만 '생명'과 '지구와 우주' 분야에서는 따라올 사람이 아무도 없어요. 늘 쌍안경을 목에 걸고 다닌답니다.

조아해

'수다맨 TV'라는 인터넷 방송을 하는 크리에이터예요. 워낙 말이 많은 까닭에 별명이 '수다맨'이랍니다. 방송에 넣을 거라며 아무 때나 스마트폰으로 동영상을 찍어요. '추리력과 관찰력'이 뛰어난데, 추리할 때 자신도 모르게 코를 파는 버릇이 있어요.

고란

담임 선생님이에요. '명탐정 코난'의 광팬으로, 아무 때나 코난의 대사인 "진실은 언제나 하나!"를 외치지만 늘 빗나가는 추리로 아이들을 놀라게 하지요. 코난과 비슷한 안경을 쓰고 다니는 모습 때문에 아이들에게 '코난 선생님'으로 불린답니다.

A
D
$\sin x = \frac{1}{\sqrt{2}}$
y
x
$E=mc^2$
$\frac{F_2}{F_1} = \frac{S_2}{S_1}$
CH_3
$\pi = 3,14$
HO
NH
$tg\alpha = \frac{\sin\alpha}{\cos\alpha}$
B
C

«« 제1장 »»

베일에 싸인 신비도

어느 여름날 오후, 전자기와 강반달, 조아해는 선착장을 향해 느릿느릿 걷고 있었어요. 꽃담초등학교에 다니는 세 아이는 신비도에서 열린 '어린이 과학 캠프'에 참가한 뒤 집으로 돌아가는 길이었지요. 그런데 늘 그렇듯 뒤에서 두리번거리며 걷던 강반달이 갑자기 선착장을 가리키며 소리쳤어요.

"어? 코난 선생님이잖아?"

"나 원 참. 덩치, 넌 이 더위에도 농담이 나오냐?"

조아해가 질렸다는 듯 말하는데,
앞에서 걷던 전자기가 눈을 동그랗게 떴어요.

"아니야. 정말 코난 선생님인데? 선생님이 신비도에는 무슨 일로 오셨지?"

학교 밖에서 우연히 담임 선생님인 고란 선생님을 만난 아이들은 반가운 마음에 얼른 달려갔어요. 그런데 분위기가 좀 이상했어요. 어느 덩치 큰 아주머니가 고란 선생님과 금목걸이를 한 아주머니, 콧수염을 기른 아저씨에게 호통을 치고 있었기 때문이지요. 아이들은 조심스레 고란 선생님을 불렀어요.

"선생님, 고란 선생님!"

"어머? 너희가 여긴 어쩐 일이니? 근데 지금 선생

님이 좀 곤란한 일이 생겼어. 그러니까 잠깐만 기다릴래?"

고란 선생님은 아이들을 반기면서도, 몹시 안 좋은 일인지 표정이 정말 어두웠어요.

"아, 됐고! 어서 내 진주 목걸이나 내놔. 이렇게 계속 시치미 떼면 경찰에 신고할 거야."

호통을 치던 덩치 큰 아주머니가 이번에는 은근히 으름장을 놓았어요.

“아, 아니, 왜 아주머니 목걸이를 우리한테 달라고 그러세요?”

고란 선생님은 덩치 큰 아주머니의 윽박에 기가 꺾였는지 말까지 더듬었어요. 그러자 금목걸이 아주머니와 콧수염 아저씨가 거들고 나섰어요.

“그러게. 자기가 잃어버린 목걸이를 왜 우리한테 달래?”

“내 말이. 아주머니, 우린 시치미를 떼는 게 아니

라 정말 모른다고요."

강반달은 네 사람의 대화를 통해 어떤 일이 벌어졌는지 알아차리고는 발을 동동 굴렀어요.

"어떡해! 선생님이 도둑으로 몰렸나 봐."

덩치 큰 아주머니의 목소리는 계속 커져만 갔어요.

"계속 그렇게 발뺌한다 이거지? 좋아, 그럼 경찰서로 가자고. 여기 경찰서가 어디죠?"

그 말에 나이 지긋한 신비도의 이장님이 나섰어요.

"여긴 작은 섬이라 경찰서가 없다오. 게다가 오가는 배가 하루에 한 편뿐이라서 지금 경찰을 부른다 해도 내일 이맘때나 돼야 올 게요. 그래서 말인데, 우선 흥분을 가라앉히고 배 안에서 무슨 일이 있었는지 이야기나 해 보겠소?"

이장님의 말에 모두 고개를 끄덕였어요. 먼저 덩치 큰 아주머니가 얘기를 시작했지요.

저는 이말순이에요. 이곳이 고향이죠.
내일이 어머니 팔순이라 큰맘 먹고
선물로 진주 목걸이를 샀죠. 그런데 분명히
배에 탈 때는 있던 진주 목걸이가
내릴 때 보니 없어졌더라고요.

"진주 목걸이를 갖고 배에 탄 건 분명해요?"

"그럼요. 제가 같은 선실에 있던 이 세 사람한테 보여 주기까지 했는걸요?"

이말순 아주머니의 대답에 고란 선생님과 금복걸이 아주머니, 콧수염 아저씨가 끼어들었어요.

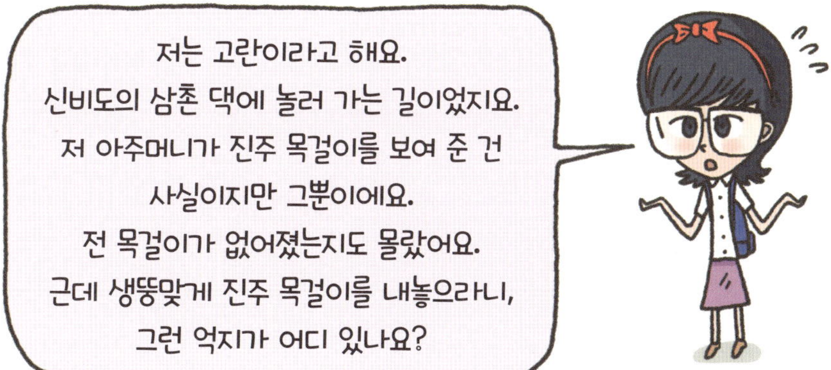

저는 고란이라고 해요.
신비도의 삼촌 댁에 놀러 가는 길이었지요.
저 아주머니가 진주 목걸이를 보여 준 건
사실이지만 그뿐이에요.
전 목걸이가 없어졌는지도 몰랐어요.
근데 생뚱맞게 진주 목걸이를 내놓으라니,
그런 억지가 어디 있나요?

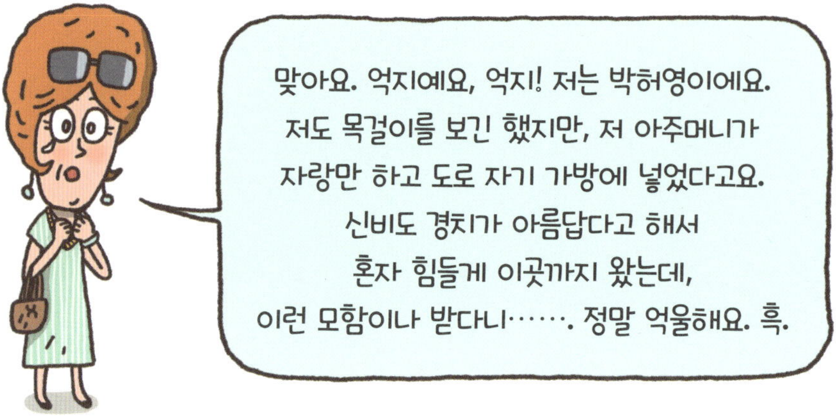

맞아요. 억지예요, 억지! 저는 박허영이에요. 저도 목걸이를 보긴 했지만, 저 아주머니가 자랑만 하고 도로 자기 가방에 넣었다고요. 신비도 경치가 아름답다고 해서 혼자 힘들게 이곳까지 왔는데, 이런 모함이나 받다니……. 정말 억울해요. 흑.

박허영 아주머니는 말을 마치며 울먹거렸어요.

그 모습을 본 콧수염 아저씨가 목소리를 높였어요.

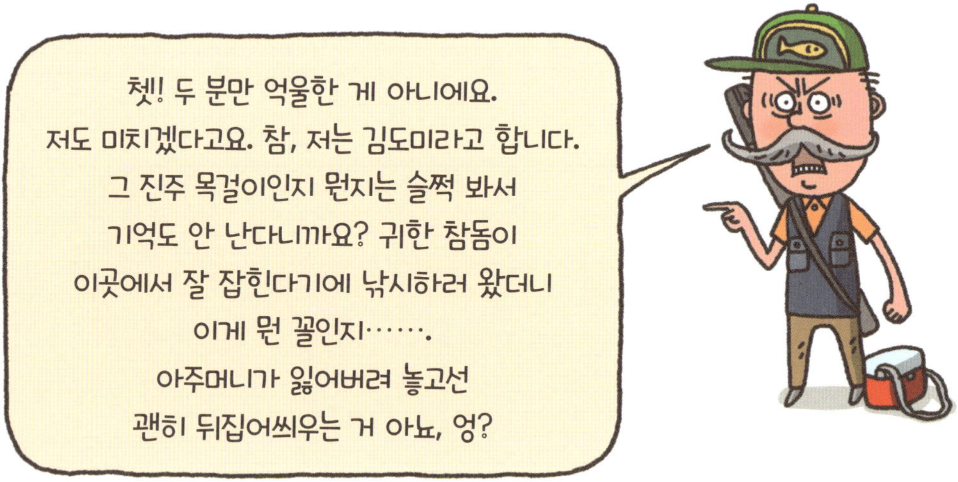

첫! 두 분만 억울한 게 아니에요. 저도 미치겠다고요. 참, 저는 김도미라고 합니다. 그 진주 목걸이인지 뭔지는 슬쩍 봐서 기억도 안 난다니까요? 귀한 참돔이 이곳에서 잘 잡힌다기에 낚시하러 왔더니 이게 뭔 꼴인지……. 아주머니가 잃어버려 놓고선 괜히 뒤집어씌우는 거 아뇨, 엉?

분위기가 안 좋아지자 다시 이장님이 나섰어요.

"자자, 흥분 가라앉혀요. 그럼 이말순 씨는 언제 진주 목걸이를 보여 준 거요?"

그러자 이말순 아주머니가 기억을 더듬는 듯 눈을 가늘게 뜨며 대답했어요.

"음. 배 타고 두 시간쯤 지났나? 넷이서 신비도의 전설에 관해 얘기하다가 무슨 일로 신비도에 가느냐는 이야기가 나왔고, 자연스럽게 진주 목걸이 자랑까지 이어졌죠. 그런데 제 뱃멀미가 갑자기 심해졌고, 세 사람은 잠시 바닷바람이나 쐬고 올 테니 쉬고 있으라면서 밖으로 나갔어요. 그 순간 배가 살살 아파 오는 거예요. 속은 울렁거리지, 배는 아프지, 정말 죽겠더라고요. 그래서 화장실로 뛰어갔죠. 5분도 안 걸렸을 거예요. 근데 다녀와 보니 글쎄 제 가방이 열려 있고, 누가 진주 목걸이만 쏙 빼 갔더라고요."

"그런데 어떻게 저 세 사람 가운데 한 사람이 범인이라는 거요? 배 안의 다른 사람이 훔쳐 갔을 수도 있는데."

이장님의 날카로운 지적에 이말순 아주머니는 버럭 소리를 질렀어요.

"그 진주 목걸이에 대해 아는 사람은 나 빼고 저 세 사람뿐이란 말이에요. 어떻게 알지도 못하는 사람이 그 짧은 시간에 진주 목걸이만 쏙 빼 가겠어요? 틀림없이 저 세 사람 중 한 명이 범인이라니까요!"

"자꾸 범인, 범인 하지 마세요. 듣기 거북하네요. 난 그때 배 뒤쪽에서 갈매기한테 새우 과자를 주고 있었거든요? 물론 혼자 있었기 때문에 증인은 없지만, 어쨌든 난 아니에요!"

박허영 아주머니가 울컥했는지 말끝을 높였어요. 이번에는 고란 선생님이 억울한 듯 떨리는 목소리로 말했지요.

"전 초등학교 선생이에요. 아이들에게 남의 물건은 절대로 훔치면 안 된다고 가르치죠. 그런데 제가 범인이라니요. 저는 그 시간에 배 옆쪽 갑판에서 셀카를 찍고 있었다고요."

"증인은 있소?"

이장님이 묻자 고란 선생님은 고개를 흔들며 큰 소

리로 외쳤어요.

"아니요, 저 혼자뿐이었어요. 하지만 전 진짜 아니에요. 믿어 주세요."

고란 선생님의 말이 끝나기 무섭게 김도미 아저씨가 답답하다는 듯 가슴을 치며 덧붙였어요.

"어유, 증인이 없는 건 나도 마찬가지예요. 난 그 시간에 앞쪽 갑판에 나가 민박집에 전화를 걸고 있었어요. 민박집이 통화 중이어서 통화를 하진 못했지만, 갑판에 아무도 없길래 혼자서 담배까지 피우고 들어왔단 말이에요."

이장님이 후유 하고 한숨을 쉬며 중얼거렸어요.

"어쨌든 세 사람 모두 본인들의 말을 증명해 줄 증인은 없는 거로군."

그때 한쪽에서 조용히 이들을 지켜보던 조아해가 저도 모르게 코를 파며 중얼거렸어요.

"흠! 얘기를 들어 보니 전화하며 돌아다닐 수 있는 김도미 아저씨가 가장 수상한데?"

조아해의 코 파는 모습에 강반달이 인상을 쓰며 대꾸했어요.

"어우, 더러워. 열심히도 판다, 파. 오케이! 코 파기는 거기까지. 내 생각엔 화려한 장신구로 온몸을 휘감은 박허영 아주머니가 범인 같아. 진주 목걸이가 탐나서 훔쳤겠지."

손톱을 잘근잘근 물어뜯으며 생각에 잠겨 있던 전

자기도 거들었어요.

“가는 날이 장날이라더니……. 근데 사실 고란 선생님도 확실히 범인이 아니라고 할 수는 없어. 배 옆쪽 갑판이 선실과 제일 가깝거든.”

“뭐라고? 야, 잘난 척 대마왕! 넌 어떻게 그런 말을 할 수 있니? 선생님이 곤경이 처했는데, 도와드리지는 못할망정 선생님을 의심해?”

화가 난 강반달이 파르르 떨며 전자기를 째려보자 조아해가 깜짝 놀라 둘 사이를 비집고 들어왔어요.

“얘들아, 지금 우리끼리 싸울 때야? 덩치 말처럼 곤경에 빠진 선생님을 우리가 도와드려야지.”

“어떻게?”

전자기가 퉁명스럽게 묻자 조아해가 싱긋 웃으며 대답했어요.

“우리가 범인을 잡으면 되잖아. 범인은 저 세 사람, 아니 두 사람 중에 있을 테니까.”

"그렇긴 하지만 우리가 무슨 수로……."

전자기가 말하는데, 강반달이 기세 좋게 외쳤어요.

"오케이! 거기까지. 방법이 생각났어. 이걸 쓰면 돼. 그럼 범인을 잡을 수 있어. 짠!"

강반달이 전자기와 조아해에게 내민 것은 꽤 큰 상자였어요.

"이건 과학 캠프에서 기념품으로 받은 지문 채취 상자잖아. 이걸로 뭘 하려고?"

조아해의 물음에 강반달이 눈을 반짝였어요.

"뭘 하긴. 고란 선생님과 저 세 사람의 지문을 채취하는 거지. '지문'이란 사람의 손가락 안쪽 끝에 있는 피부의 무늬야. 사람마다 모두 다르고 죽을 때까지 변하지 않아서 그 사람이 누구인지 확인할 때 큰 쓸

모가 있지. 사람 손가락에는 땀과 기름이 있어서, 물건을 만지면 물건 표면에 지문이 남게 돼."

묵묵히 강반달의 얘기를 듣던 전자기가 손톱을 잘근잘근 물어뜯으며 말을 이었어요.

"그럼 진주 목걸이가 들어 있던 상자의 지문을 채취해서 이말순 아주머니의 지문이 아닌 지문을 세 사람의 지문과 대조하면 누가 범인인지 알 수 있겠네."

"오케이! 제법인데? 자, 그럼 이장님께 알려 드리러 가자."

아이들은 이장님에게 달려가 지문으로 범인을 찾는 방법을 설명했어요.

"오! 나도 TV에서 지문을 조사해 범인을 잡는 걸 본 적이 있다. 달리 뾰족한 수도 없으니 우리도 한번 시도해 보자꾸나."

이장님은 아이들의 말에 반색을 하고, 당장 진주

목걸이가 들어 있던 상자를 가져오게 했어요. 이말순 아주머니가 상자를 손수건으로 조심스레 감싸서 가져오자, 강반달은 지문 채취 상자 안에 든 붓에 검은 가루를 묻혀 상자의 겉면을 살살 문질렀지요. 그랬더니 선명한 지문 두 개가 나타났어요. 강반달은 그 지문들을 셀로판테이프로 붙였다 떼어 낸 뒤에 흰 종이에 붙였어요.

"우아! 정말 지문이 나타났네?"

"그러게. 신기하네. 과연 누구 지분일까?"

숨죽이고 지켜보던 사람들이 여기저기에서 쑤군거렸어요.

강반달은 뒤이어 이말순 아주머니의 지문들을 채취했어요. 그리고 이 지문들을 상자에서 채취한 두 개의 지문과 비교했어요. 그러자 한 개만 일치하고, 다른 한 개는 일치하지 않았지요. 범인의 지문이 틀

림없었어요.

“이제 이 지문과 일치하는 지문의 주인만 찾으면 되겠네.”

전자기의 말에 갑자기 고란 선생님이 “진실은 언제나 하나!”라고 ‘명탐정 코난’의 대사를 외치며 울먹였어요.

강반달은 박허영 아주머니, 김도미 아저씨, 고란 선생님까지 30개나 되는 지문을 꼼꼼히 채취했지요. 그런데 지문들을 대조하려는 순간, 강반달이 갑자기 땅바닥에 쪼그리고 앉았어요.

“에구, 눈앞이 어른어른하네. 더워서 그런가?”

쉬지 않고 지문을 채취하느라 지쳤나 봐요. 그러자 옆에서 동영상을 찍던 조아해가 자신 있게 나섰어요.

“이 정도는 나한테 맡겨. 영상을 찍으면서 계속 범인의 지문을 봤더니, 금방 알겠는데?”

세 사람의 지문 가운데
진주 목걸이 상자에 찍힌 범인의
지문과 똑같은 것을 찾아보세요.
범인 지문
고란

정답은 122쪽에!

차분하게 세 사람의 지문을 하나하나 대조하던 조아해가 마침내 벌떡 일어났어요. 그러더니 세 사람 앞으로 걸어가 그중 한 사람을 가리키며 말했어요.

"범인은 바로 당신이에요."

조아해가 가리킨 사람은 바로 박허영 아주머니였어요. 사람들은 깜짝 놀랐지요.

"상자에 찍힌 지문이 아주머니의 오른손 엄지손가락 지문과 똑같거든요."

조아해의 말에 박허영 아주머니는 얼굴이 새파랗게 질리더니, 그 자리에 쭈그려 앉아 엉엉 울었어요.

"어흐흐흑. 정말 죄송해요. 빚 갚을 생각에 제가 잠시 정신이 나갔었나 봐요. 선실에 들어와 보니 아무도 없길래 순간 욕심이 나서……. 흑흑."

박허영 아주머니는 진주 목걸이를 이말순 아주머니에게 돌려주며 닭똥 같은 눈물을 뚝뚝 떨구었어요.

"저런, 쯧쯧. 하지만 아무리 힘들어도 남의 물건을 훔치면 쓰나."

이장님은 안타까움에 혀를 차면서도 박허영 아주머니를 엄하게 꾸짖었어요. 범인이 밝혀지자 아이들은 기쁜 마음으로 고란 선생님에게 달려갔어요. 아이들의 활약으로 누명을 벗은 고란 선생님은 고마움에 눈물까지 글썽였지요.

"얘들아, 정말 고맙다. 너희 덕분에 살았어."

"고맙긴요. 당연한 일을 한 걸 가지고……."

전자기가 쑥스러운 듯 머리를 긁적이자, 강반달이 입을 삐죽 내밀었어요.

"야, 잘난 척 대마왕! 너 완전 잘난 척하면서 선생님도 범인일 수 있다고 의심했잖아! 선생님, 어떻게 선생님을 의심할 수가 있어요, 그쵸?"

강반달의 고자질에 전자기는 강반달을 노려보았지요. 고란 선생님은 애써 아무렇지 않은 척했어요.

"괘, 괜찮아. 추리를 하다 보면 그럴 수도 있지."

"선생님! 저, 그게……."

전자기가 말을 우물거리자, 고란 선생님은 전자기

의 등을 토닥여 주었어요.

"신경 쓰지 마. 난 괜찮아. 근데 참, 너희는 이 먼 곳까지 어쩐 일이야?"

고란 선생님의 물음에 조아해가 대답했어요.

"아, 신비도에서 열린 과학 캠프에 참여하고 집으로 돌아가던 길이었어요."

"그랬구나. 그런데 어쩌니? 나 때문에 배를 놓쳐서……."

고란 선생님이 말끝을 흐리며 바다를 쳐다보았어요. 어느새 저 멀리 뭍으로 가는 배의 뒷모습이 보였어요. 자신 때문에 뭍으로 나갈 배를 놓친 아이들에

게 미안했던 고란 선생님은 잠시 생각에 잠기더니, 딱 하고 손가락을 튕기며 말했어요.

"배까지 놓치며 나를 도와준 명탐정들을 이대로 보낼 순 없지. 나랑 같이 우리 삼촌 댁에 가자. 너희 부모님한테는 내가 허락받을게."

뜻밖의 제안에 신이 난 아이들은 서로 마주 보며 하이 파이브를 했어요.

고란 선생님의 삼촌 댁은 고풍스러운 한옥이었어

요. 미리 연락을 받았는지 고란 선생님의 삼촌이 대문 앞까지 나와 일행을 반갑게 맞아 주었지요.

"오, 너희가 바로 내 조카의 누명을 벗겨 주었다는 명탐정들이로구나. 과연 똘똘하게 생겼는걸? 집은 누추하지만 재미있게 놀다 가렴."

아이들은 "네!" 하고 신비도가 떠나가라 큰 소리로 대답했어요. 씩씩한 아이들의 모습에 고란 선생님의 삼촌은 호탕하게 너털웃음을 터뜨렸지요.

잠시 뒤, 고란 선생님의 안내로 집 구경을 하던 아이들은 대청마루에서 액자 하나를 발견했어요.

"선생님, 액자 속 이 글은 무슨 뜻이에요?"

조아해가 묻자 고란 선생님은 고개를 갸웃했어요.

"글쎄, 나도 잘 몰라. 이 글은 삼촌의 아버지, 즉 나의 할아버지가 남기신 거야. 할아버지는 유명한 과학자였는데, 어느 날 갑자기 모든 걸 정리하고 고향인 이곳으로 내려오셨대. 그리고 저 글을 쓰시고 나서 삼촌에게 잘 간직하라고 하셨나 봐."

"글의 내용이 뭔지 아무 말씀 안 하시고요?"

강반달이 궁금한 표정으로 물었어요.

"응. 삼촌이 나중에 여쭤보려고 했는데, 할아버지가 갑자기 돌아가시는 바람에……. 그래서 내용은 모르지만 잘 간직하고 계시지."

"이건 분명 암호예요. 지금부터 풀어 봐야죠."

신 황
황 사
있 황
'봄에
이 글은
나의 할아버지가
남기신 거야.
이건 분명
암호예요.

전자기는 돋보기로 액자를 샅샅이 살피기 시작했어요. 이에 질세라 강반달도 쌍안경으로 액자를 살펴보았지요. 조아해는 얼른 스마트폰으로 그 모습을 열심히 찍었어요. 그런데 액자를 조사하던 전자기가 흥분한 목소리로 말했어요.

"선생님, 액자 맨 밑에 작은 글씨가 쓰여 있어요."

그 말에 깜짝 놀란 고란 선생님이 물었어요.

"정말? 뭐라고 쓰여 있는데?"

"'봄에 불어오는 먼지바람은 필요 없다.'래요."

"엥? 그게 무슨 말이야? 이 액자 속에는 온통 이상한 말뿐이네."

조아해가 투덜대는데, 강반달이 쌍안경을 눈에서 떼고는 크게 손뼉을 쳤어요.

"오케이! 거기까지. 이제 알아냈어. 액자 속 글의 뜻이 뭔지 말이야."

액자 속 암호를 풀어 보세요.
어떤 말이 숨어 있을까요?
신 황 사 비 동 굴 황 사 에
황 사 가 면 단 황 사 서 가
있 황 사 을 것 황 사 이 다.
'봄에 불어오는 먼지바람'은 필요 없다.
'봄에 불어오는 먼지바람'이란 중국 사막에서 불어오는 누런 모래 먼지가 섞인 바람 아닐까?
'필요 없다'는 말은 문장에서 무엇인가를 빼라는 뜻이지?
정답은 122쪽에!

강반달은 액자를 쳐다보며 설명을 시작했어요.

“‘봄에 불어오는 먼지바람’이란 ‘황사’를 말해.”

“황사? 그게 뭔데?”

전자기가 물었어요.

황사는 몽골과 중국의 건조한 곳에 있던 아주 작은 모래 먼지가 강한 바람을 타고 날아올랐다가 우리나라나 일본 등으로 서서히 떨어지는 거야. 주로 봄에 나타나지. 황사 속에는 몸에 해로운 것들이 많이 들어 있어서 천식, 눈병, 피부병, 암 등의 병을 일으키기도 해. 공기가 나빠지는 건 말할 것도 없고.

"아, 그래서 엄마가 누런 먼지가 하늘을 온통 뒤덮었던 지난봄에 마스크 쓰고 학교 가라고 했었구나."

조아해가 콧구멍을 후비며 맞장구를 쳤어요.

"맞아, 옛날엔 황사를 봄에 불어오는 먼지바람 정도로 생각했어. 그런데 오늘날엔 우리를 위협하는 오염 물질이 돼 버렸지. 어쨌든, '봄에 불어오는 먼지바람은 필요 없다.'라는 말은 황사가 필요 없다는 말이니까, 글에서 '황사'라는 단어를 빼라는 뜻일 거야."

강반달의 설명에 전자기가 글 속에서 '황사'를 빼며 읽었어요.

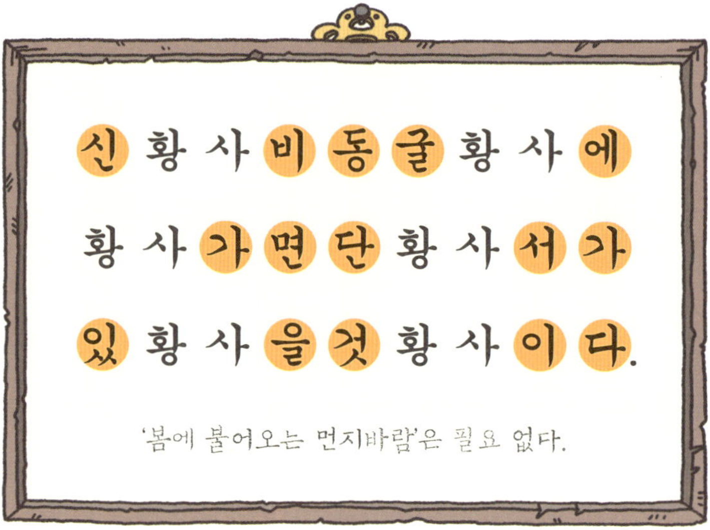

"와, 덩치. 너 진짜 대단한데?"

조아해가 놀라자, 전자기도 빙긋 웃으며 엄지손가락을 슬쩍 세워 보였어요. 강반달은 쑥스러운 듯 얼굴을 붉혔지요. 그때 조용히 아이들을 지켜보던 고란 선생님이 호기심에 눈을 반짝이며 말했어요.

"오호! 그럴듯해. 왜냐하면 신비도에는 정말 신비 동굴이 있거든. 아쉽게도 동굴 입구가 커다란 바위로 막혀 있어 안으로 들어갈 수는 없지만."

"그래도 안으로 들어갈 방법이 있지 않을까요?"

조아해의 질문에 고개를 가로젓던 고란 선생님은 갑자기 눈을 크게 떴어요.

"어릴 때 할아버지께서 묘한 말씀을 하신 적이 있어. 신비동굴 앞 바위가 물을 먹으면 동굴 입구가 열릴지도 모른다나? 난 그 말을 믿고 비가 오는 날 동굴 앞에 가서 바위를 힘껏 밀어 보았지. 하지만 꿈쩍도 안 하더라고. 근데 혹시……."

"맞아요. 분명 동굴 안으로 들어갈 방법이 있을 거예요. 그렇지 않다면 이런 암호를 남기셨을 리가 없어요. 지금 당장 신비동굴로 가서 방법을 찾아봐요."

전자기의 말에 강반달과 조아해도 덩달아 들떠서 고란 선생님의 입만 바라보았어요. 잠시 고민하던 고란 선생님은 마침내 고개를 끄덕였어요.

셋은 "야호!" 하며 팔짝팔짝 뛰었지요. 방으로 뛰

어 들어간 아이들은 손전등, 테이프, 생수, 종이컵, 나무젓가락, 과자 등을 한 보따리 챙겼어요. 챙겨 놓은 가방을 보고 조아해가 킥킥 웃으며 말했어요.

"우리, 동굴 탐험 가는 거냐, 소풍 가는 거냐?"

"흐흐흐, 그러게. 하지만 뭐, 모로 가도 서울만 가면 되지 않겠어?"

전자기가 대답하며 가방을 메고 벌떡 일어났어요. 그런데 대청마루로 나간 아이들은 눈이 휘둥그레졌어요. 고란 선생님이 '명탐정 코난'처럼 재킷과 반바지에 나비넥타이까지 갖추고 나타났기 때문이지요. 고란 선생님이 "자, 출발!" 하며 맨 먼저 달려 나가자 전자기가 어이없다는 표정으로 속삭였어요.

"와, 왠지 선생님이 더 들떠 보이는걸?"

"그러게!"

강반달과 조아해도 맞장구를 치며 집을 나섰어요.

출발!
코난이다!
와!

«« 제2장 »»

위기에 빠진 아이들

햇볕이 쨍쨍 내리쬐는 바닷가 길을 따라 한참을 걸어가던 아이들과 고란 선생님은 커다란 나무 그늘에서 잠시 쉬기로 했어요. 더운 여름날 땀까지 흘린 탓에 병든 닭처럼 비실대던 아이들은 헉헉대며 물부터 들이켰지요. 그러자 정신이 좀 들었는지 조아해가 퀴즈를 냈어요. 학원 친구인 나연산에게 들었다나요?

"저기 바다가 보이니 생각났는데, 세상에서 가장 추운 바다는 뭐게?"

"음, 남극해?"

강반달이 고개를 갸웃하고 대답하자, 조아해는 헤벌쭉 웃으며 신나게 말했어요.

"땡! 정답은 바로 썰, 렁, 해! 히히. 재밌지?"

조아해의 썰렁한 아재 개그가 시작된 거예요. 전자기와 강반달은 서로 마주 보며 피식 웃다가, 커다란 웃음소리에 깜짝 놀랐어요. 배를 잡고 크게 웃는 사람은 다름 아닌 고란 선생님이었어요.

"하하하. 진짜 재밌다. 나연산이 김영롱 선생님 반 아이지? 난 김영롱 선생님의 아재 개그 팬이거든. 그 선생님에 그 제자라고, 나연산도 장난 아닌데?"

그때였어요. 쉬면서도 가만있지 않고 쌍안경으로 이리저리 둘러보던 강반달이 소리쳤어요.

"선생님, 저 언덕 위에 커다란 바위가 보여요. 신비동굴 입구가 아닐까요?"

"맞아. 그쯤에 신비동굴이 있었던 것 같아."

네 사람은 서둘러 자리를 정리하고 언덕 위로 뛰어갔어요. 그곳에는 정말 큰 바위가 동굴 앞에 떡하

니 버티고 있었어요. 제일 먼저 도착한 강반달이 바위를 힘껏 밀어 보았어요. 하지만 바위는 꿈쩍도 하지 않았지요. 전자기와 조아해, 고란 선생님까지 모두 달라붙어 바위를 밀었지만, 바위는 요만큼도 안 움직였답니다.

아이들은 혹시 바위에 무슨 장치가 있지 않

을까 싶어 바위는 물론 동굴 주변까지 샅샅이 훑어보았어요. 그러나 아무것도 찾지 못했어요.

"후유, 이제 어떡하지? 좋은 생각 없을까?"

전자기가 한숨을 쉬며 혼잣말하듯 묻자, 조아해가 콧구멍을 벌름거리며 대답했어요.

"선생님의 할아버지가 '바위가 물을 먹으면 동굴 입구가 열릴지도 모른다.'라고 말씀하셨다잖아! 그러니까 일단 바위를 물로 적셔 보자."

"아까 내가 비 오는 날 와서 바위를 밀었는데 꿈쩍도 하지 않았다고 얘기했잖아."

고란 선생님의 말에도 조아해는 전혀 신경 쓰지 않고 바위 여기저기에 생수를 부으며 말했어요.

"물에 젖은 바위가 움직이지 않았다면, 바위 주변에서 바위를 움직이는 단서가 나올지도 몰라요."

조아해가 바위에 커다란 생수 한 병을 다 붓자, 전

자기와 강반달이 재빨리 바위 주변을 관찰했어요.

"앗! 여기에 뭔가가 나타났어."

돋보기로 바위 아래쪽을 살피던 전자기가 소리쳤어요. 바위 아래쪽에 거짓말처럼 네모난 표가 나타난 거예요. 표 위에는 이렇게 쓰여 있었어요.

'곤충이 아닌 동물을 찾으면 문이 열릴 것이다.'

전자기가 검지 손톱을 잘근잘근 씹으며 말했어요.

"와, 귀신이 곡할 노릇이네. 아까 봤을 땐 분명 아

무것도 없었어. 그런데 어떻게…….”

“물을 부었기 때문이 아닐까?”

조아해가 대답하자 강반달이 끼어들었어요.

“오케이! 거기까지. 맞아, 네 말처럼 이 표와 글씨들은 물에 젖었기 때문에 나타난 거야. 원리는 간단해. 바위에 글씨를 새긴 뒤에, 종류가 다른 돌가루를 접착제와 섞어 그곳을 메우는 거지. 그러면 보통 때에는 아무것도 안 보이지만, 물에 젖으면 접착제가 섞인 돌가루의 글씨만 진하게 드러나.”

“아하, 그런 거였어? 강반달, 대단한데?”

고란 선생님의 칭찬에 기분이 좋아진 강반달은 “이 정도는 상식이죠.”라며 잘난 척을 했어요. 그러더니 전자기와 조아해를 쳐다보며 말을 이었어요.

“그나저나 이 문제 너무 쉽지 않니? 곤충의 특징만 알면 풀 수 있잖아.”

곤충이 아닌 동물이
쓰인 칸을 모두 찾아
색칠해 보세요.

곤충이 아닌 동물을 찾으면 문이 열릴 것이다.

나비	벌	개미
잠자리	거미	매미
사슴벌레	나방	지네

다 곤충
아니야?
내 말이!

정답은 122쪽에!

"쳇! 아는 척 그만하고 얼른 답을 말해. 물이 마르면 표가 지워진다고."

전자기가 투덜거렸어요. 강반달은 대답 대신 "곤충 하면 뭐가 떠올라?" 하고 물었어요. 그러자 조아해가 코를 후비적거리며 대답했지요.

"날개가 예쁜 나비, 내 피를 쪽쪽 빠는 모기, 맴맴 우는 매미."

"맞아. 곤충은 지구에 사는 동물 중 가장 종류도 많고 수도 많아. 생김새와 크기도 다양하지. 그래도 곤충 사이에는 같은 점이 있어. 몸이 머리, 가슴, 배의 세 부분으로 나뉘고, 다리가 세 쌍이라는 거야."

그럼 여기서 문제! 우리 주변에서 흔히 볼 수 있는 거미, 진드기, 지네, 달팽이, 공벌레는 곤충일까요, 아닐까요?
거미
진드기
지네
달팽이
공벌레

흐음. 어려운걸? 하지만 다른 건 몰라도 거미는 곤충이 확실해.
땡!
틀렸어. 전부 곤충이 아니야.

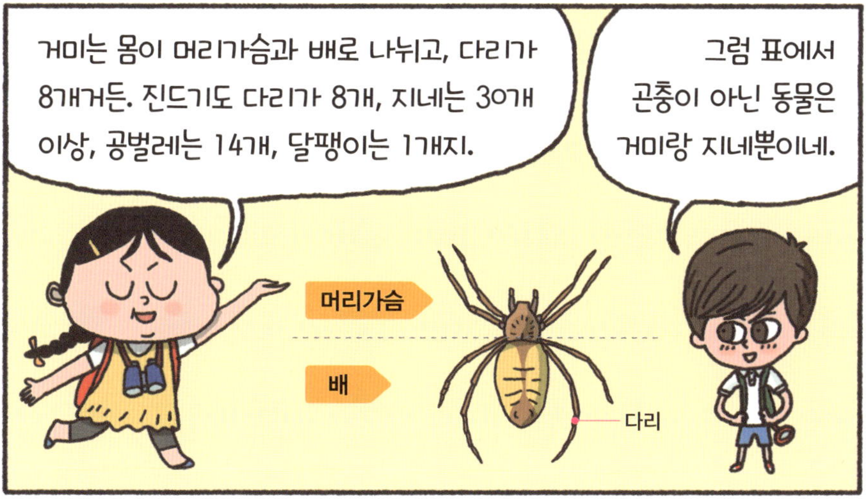
거미는 몸이 머리가슴과 배로 나뉘고, 다리가 8개거든. 진드기도 다리가 8개, 지네는 30개 이상, 공벌레는 14개, 달팽이는 1개지.
그럼 표에서 곤충이 아닌 동물은 거미랑 지네뿐이네.
머리가슴
배
다리

네 사람의 눈이 모두 바위 아래쪽으로 쏠렸어요. 전자기가 조심스럽게 '거미'와 '지네'가 쓰인 칸을 눌렀어요. 그러자 커다란 바위가 쿠르르릉 하고 저절로 움직이더니, 동굴로 들어가는 좁다란 입구가 나타났어요. 아이들은 눈이 휘둥그레졌어요. 고란 선생님도 놀랐는지 커다란 눈만 껌뻑거렸지요. 겨우 입을 연 고란 선생님의 목소리는 가늘게 떨렸어요.

"이, 이렇게 입구가 열리다니……."

고란 선생님과 아이들의 가슴은 콩닥콩닥 뛰었어요. 네 사람은 조심스레 동굴로 들어갔지요. 동굴 안은 천장 틈에서 햇빛이 들어오는지 많이 어둡진 않았어요. 좀 더 안으로 들어가자 길이 좁아졌고, 앞쪽에 징검다리가 보였어요. 지금은 물이 말랐는지 바닥에는 고운 모래만 깔려 있었고, 징검다리 앞에는 작은 팻말 하나가 꽂혀 있었지요.

쿠르르릉

"엥? 이건 또 뭔 소리야? 잡아당기면 늘어나고 놓으면 어떻다고?"

맨 앞에서 걷던 조아해가 의아해하며 징검다리를 건너려고 발을 들었어요. 그때였어요.

"멈춰!"

전자기가 소리치며 조아해를 끌어당겼어요.

"으앗, 깜짝이야. 뭐 하는 거야?"

"수다맨, 이 징검돌들은 아무거나 밟고 건너면 안 되는 것 같아. 저걸 봐!"

조아해는 전자기의 말을 듣고 징검돌들을 자세히 살펴보았어요. 징검돌마다 고무공, 종이 상자, 야구 방망이, 책 등 갖가지 물건 그림이 그려져 있었지요.

"도대체 저 그림들은 뭐지? 이 팻말에 적힌 수수께끼 같은 글과 관련 있는 거야?"

조아해가 놀란 가슴을 쓸어내리며 전자기를 쳐다보았어요. 전자기는 질겅질겅 물어뜯던 손톱을 퉤 하고 뱉으며 대답했어요.

"그래. 팻말에 적힌 문장은 '잡아당기면 늘어나고 놓으면 다시 돌아오는 물질로 만든 물체를 찾아, 그 물체의 그림이 그려진 징검돌만 밟고 건너라.'는 뜻인 것 같아."

징검돌에 그려진 그림을 잘 보고, 팻말 속 문장에 알맞은 물체들을 찾아 선으로 이어 보세요.
못
종이 상자
고무공
플라스틱 물통
플라스틱 물병
금속 캔
고무지우개
고무장갑
금속 열쇠
야구 방망이
금속 클립
고무줄
책
유리 어항
고무풍선

정답은 122쪽에!

"그게 무슨 말이야?"

"물질은 뭐고 물체는 또 뭐야?"

강반달과 조아해가 앞다투어 물었어요. 전자기가 살짝 뻐기며 대답했어요.

"이 정도는 누워서 떡 먹기지. 지금 배낭 속을 생각해 봐. 종이컵, 나무젓가락, 물통, ……. 모양도 다르고 크기도 제각각인 것들이 모두 자리를 차지하고 있지? 이렇게 모양이 있고 공간을 차지하는 것을 '물체'라고 해. 그런데 물체는 다양한 재료로 만들어져 있어. 종이컵은 종이로, 나무젓가락은 나무로, 물통은 플라스틱으로 말이야. 이와 같이 물체를 만드는 재료인 종이, 나무, 플라스틱 등은 '물질'이라고 해."

"오, 머리에 쏙 들어오게 설명을 아주 잘하는데?"

어느새 턱을 괴고 앉은 조아해가 감탄하며 말했어요. 전자기는 계속 설명을 이었지요.

물질	 종이	 나무	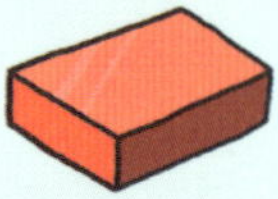 플라스틱
물체	 종이컵	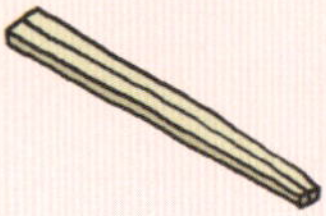 나무젓가락	 플라스틱 물통

"그런데 물질은 서로 다른 성질이 있어서, 물체의 기능에 알맞은 물질을 골라서 물체를 만들면 쓰기에 더 좋지. 그럼 물질 가운데 잡아당기면 늘어났다가 놓으면 다시 돌아오는 물질은 뭘까?"

"그건 고무야."

조아해가 냉큼 대답했어요.

"아하! 그래서 고무로 고무줄, 고무장갑, 고무풍선처럼 잡아당기면 늘어나는 물체들을 만드는구나."

강반달의 아는 척에 전자기가 맞장구를 쳤어요.

"맞아. 그밖에 금속은 광택이 있고 다른 물질보다 단단해서 못이나 음료수 캔 등을 만들 때 쓰이고, 플라스틱은 금속보다 가볍고 다양한 모양으로 만들기 쉬워서 장난감 블록, 물통 등 여러 물체를 만드는 데 쓰여. 나무는 가벼운 데다 고유한 향과 무늬가 있어서 야구 방망이, 의자, 연필 등을 만들지."

전자기의 설명이 끝나자 조아해가 앞으로 쓱 나서며 말했어요.

"좋아. 그럼, 저 징검돌 중에 고무로 만든 물체가 그려진 것만 밟고 건너면 되지?"

그리고 고무공, 고무지우개, 고무장갑, 고무줄, 고무풍선이 그려진 징검돌을 골라 밟고 무사히 다리를 건넜어요. 곧이어 전자기와 강반달도 건너왔지요. 마지막 남은 고란 선생님은 아이들이 대견한지 온 얼굴에 미소를 머금고 다리를 건너며 소리쳤어요.

"신비도에서 우리가 만난 건 운명이야. 너희는 천재가 틀림없어. 오호호호!"

고란 선생님의 웃음소리가 동굴 가득 울려 퍼졌어요. 그런데 그 소리에 놀랐는지 동굴 천장에 거꾸로 매달려 잠자던 박쥐들이 한꺼번에 날아올랐어요. 박쥐 떼에 놀란 고란 선생님은 으아악 하고 엄청난 비명을 지르다 그만 책이 그려진 징검돌을 밟고 말았어요. 그러자 곧 쿠르르릉 하는 소리가 들리며, 징검다리 앞뒤로 커다란 돌문이 내려오기 시작했어요.

"무조건 뛰어! 빨리!"

전자기의 외침에 네 사람은 젖 먹던 힘까지 다해 열심히 달렸어요. 모두가 아슬아슬하게 돌문을 통과하려던 순간, 뜻밖의 일이 벌어졌어요. 강반달과 조아해를 뒤따라오던 전자기가 그만 돌문 앞에서 넘어진 거예요. 그 바람에 전자기는 뒤에 오던 고란 선생

님과 함께 돌문 사이에 갇히고 말았어요.

"어, 어떡해! 선생님, 괜찮으세요? 전자기, 대답 좀 해 봐!"

강반달과 조아해가 돌문을 두드리며 두 사람을 목청껏 불렀어요. 그러자 돌문 건너편에서 고란 선생님의 다급한 목소리가 들렸어요.

"어머어머! 큰일 났네. 얘들아, 너희는 괜찮니?"

"네, 저희는 괜찮아요."

"후유, 여기서 빨리 빠져나가야 할 텐데. 어머, 저게 뭐야? 모래가 쏟아지고 있어!"

"네? 모래요?"

강반달과 조아해가 동시에 소리를 질렀어요. 세상에, 돌문 사이 동굴 벽에서 쏴아 하고 모래가 쏟아지기 시작한 거예요! 모래를 보고 당황한 고란 선생님은 우왕좌왕했어요. 그와 달리 전자기는 동굴 안을 이리저리 침착하게 살폈지요. 그때 앞쪽 돌문의 중간쯤에 자그마한 쇠고리가 흔들리는 것이 보였어요.

'쇠고리가 아무런 뜻도 없이 꽂혀 있을 리 없어.'

전자기는 지푸라기라도 잡는 심정으로 쇠고리를 힘껏 잡아당겼어요. 그러자 상자처럼 생긴 자그마한 서랍이 나왔어요. 그 안에는 낡은 쪽지 한 장이 들어 있었는데, 다음과 같이 쓰여 있었지요.

나는 바람이 불면 춤추며 커지고,
물이 닿으면 사라진다오.
나를 이 상자에 담아 주시오.

쏴아아
어떡하지?
생각하자,
생각하자…….

"대체 이게 뭔 말이야? 어머어머, 어떡해! 모래가 더 빨리 쏟아지는 것 같아."

쪽지를 본 고란 선생님이 울상을 지었어요. 어느덧 모래는 점점 쌓여 두 사람의 발목을 지나 무릎을 향해 올라오고 있었어요. 그때였어요.

"선생님, 알아냈어요!"

눈을 감고 손톱을 물어뜯으면서 집중하던 전자기가 눈을 번쩍 뜨고는 큰 소리로 외쳤어요.

"그래? 뭔데?"

머리를 쥐어뜯으며 고민하던 고란 선생님이 전자기를 쳐다보았어요.

"쪽지의 뜻은 불을 켜서 상자에 담으라는 거예요."

"불을 켜서 상자에 담으라고? 이 쪽지에 쓰인 글이 어떻게 그렇게 해석되는 거야?"

고란 선생님은 멀뚱한 얼굴로 전자기를 보며 물었

어요. 전자기가 재빨리 말을 덧붙였어요.

"불은 바람이 불면 커지고 물이 닿으면 꺼지잖아요. 그러니까 쪽지의 뜻은 상자처럼 생긴 이 서랍 안에 불을 붙여 담으라는 거예요."

"아, 그렇구나. 불은 이 쪽지에 붙이면 되겠고. 근데 우리한테 성냥이나 라이터가 있나?"

고란 선생님이 묻자 전자기는 고개를 저었어요. 불을 피울 일이 있으리라고는 생각하지 못했거든요. 고란 선생님의 실망하는 모습에 전자기는 저도 모르게 고개를 들어 위를 쳐다보며 말했어요.

"선생님, 걱정 마세요. 하늘이 무너져도 솟아날 구멍이 있다고 했어요."

그때 동굴 천장 틈으로 들어오는 강한 햇빛을 바라보던 전자기가 딱 하고 손가락을 튕겼어요.

"그래, 이 물건을 이용하면 불을 붙일 수 있어!"

다음 그림을 잘 보고, 동굴 속에서 불을 붙일 수 있는 옳은 방법을 찾아 동그라미 해 보세요.
1
두 돌을 세게 부딪치면 번쩍 하고 불꽃이 튀면서 불이 붙을 거야!
딱
딱
2
나무젓가락을 빠르게 비비면 뜨거워지면서 불이 붙을 거야!
샤샤삭
3
돋보기로 동굴 천장에서 비치는 햇빛을 종이 위에 모으면 불이 붙을 거야!

어머!
셋 다 될 거 같은데?
실패
이런! 아무리 해도 안 돼!
딱 딱
실패
앗! 부러졌잖아!
뚝
성공
좋아! 불이 붙었어!

전자기가 고란 선생님 앞에 내민 물건은 항상 들고 다니는 돋보기였어요.

"돋보기? 이걸로 뭘 하려고?"

의아해하는 고란 선생님의 말투에 전자기가 후유 하고 한숨을 쉬며 대답했어요.

"돋보기는 가운데 부분이 가장자리보다 두꺼운 렌즈인 볼록 렌즈로 만들어요. 햇빛을 볼록 렌즈에 통과시키면 햇빛의 방향을 가운데 부분으로 꺾어서 한 곳으로 모을 수 있죠. 이렇게 볼록 렌즈를 이용해 햇빛을 모은 곳은 주변보다 밝기가 더 밝고 온도가 더 높아서 종이를 태울 수 있어요."

그 말을 들은 고란 선생님은 저도 모르게 짝 하고 손뼉을 치며 소리쳤어요.

"아, 그런 방법을 쓰면 되겠구나. 넌 정말 천재야!"

"칭찬은 여길 나간 뒤에 하시죠."

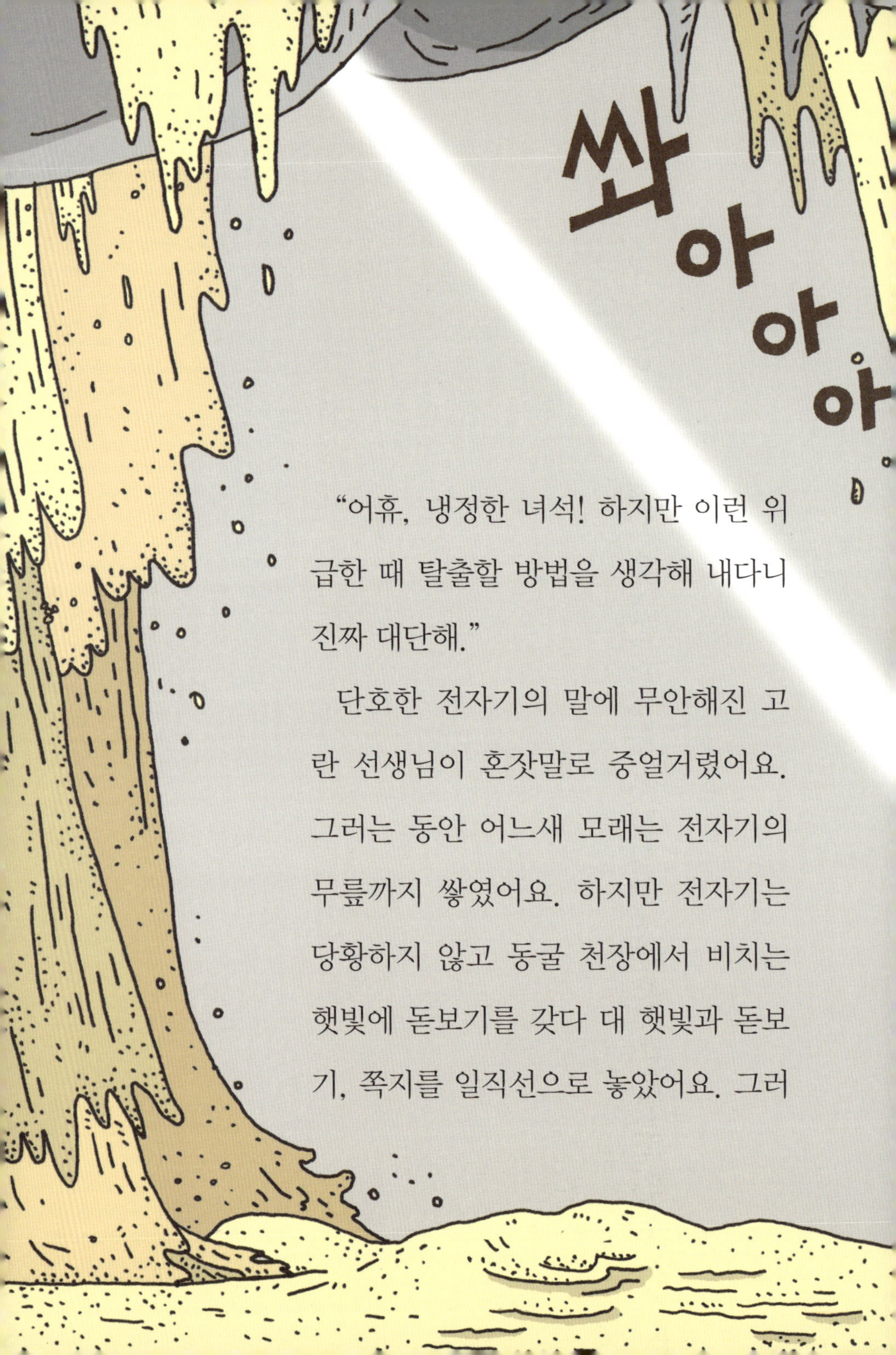

"어휴, 냉정한 녀석! 하지만 이런 위급한 때 탈출할 방법을 생각해 내다니 진짜 대단해."

단호한 전자기의 말에 무안해진 고란 선생님이 혼잣말로 중얼거렸어요. 그러는 동안 어느새 모래는 전자기의 무릎까지 쌓였어요. 하지만 전자기는 당황하지 않고 동굴 천장에서 비치는 햇빛에 돋보기를 갖다 대 햇빛과 돋보기, 쪽지를 일직선으로 놓았어요. 그러자 돋보기를 통과한 햇빛이 모여 쪽지 위에 밝은 원이 생겼어요. 전자기는 햇빛의 방향에 따라 돋보기를 위아래로 움직이면서 밝은 원의 크기가 가장 작아질 때까지 돋보기와 쪽지 사이의 거리를 맞추었지요.

거리를 맞춘 전자기가 계속해서 돋보기로 빛을 모으자 놀라운 일이 일어났어요. 쪽지

위 밝은 원에서 연기가 나기 시작하더니, 불꽃이 일면서 불이 붙는 것이 아니겠어요?

가슴 졸이며 지켜보던 고란 선생님이 와 하며 손뼉을 쳤지요. 전자기는 불이 꺼질세라 얼른 불붙은 쪽지를 서랍 안에 넣었어요. 그러자 쿠르릉 소리와 함께 양쪽 돌문이 위로 올라가기 시작했어요. 엄청나게 쏟아지던 모래도 같이 멈추었지요. 전자기는 그제야 이마에 맺힌 땀을 닦으며 안도의 한숨을 쉬었어요.

그때 돌문 밖에 있던 강반달이 뛰어 들어오며 고란 선생님과 얼싸안고 한바탕 울음을 터뜨렸어요.

"우아아앙! 선생님, 깜짝 놀랐어요."

"흑흑. 나는 심장이 터지는 줄 알았어."

뒤따라온 조아해는 전자기를 꼭 끌어안았어요.

"야, 전자기! 괜찮아? 어떻게 된 거야?"

"켁켁, 나 죽네. 야야, 숨 막혀."

전자기는 버둥거리다가 겨우 조아해에게서 풀려났어요. 전자기는 조아해와 강반달에게 그동안 벌어진 일을 간단히 설명했어요. 전자기의 말을 들은 조아해는 척 하고 엄지손가락을 세워 보였어요.

"우아, 잘난 척 대마왕! 정말 잘했다, 정말 잘했어. 진짜 최고야!"

"훗! 이 정도 가지고 뭘."

전자기가 살짝 빼기자 네 사람은 모두 웃었어요.

A
D
sin x = 1/√2
y
x
E=mc²
F₂/F₁ = S₂/S₁
CH₃
π = 3,14
tg α
HO
NH
tg α = sin α / cos α
B
C

«« 제3장 »»

밝혀진 비밀

잠시 쉬며 마음을 추스른 네 사람은 힘을 내어 동굴 안으로 더 들어가 보기로 했어요. 네 사람이 동굴 안으로 더 들어가자 자그마한 공터가 나타났어요. 천장에는 고드름처럼 생긴 뾰족뾰족한 돌이 잔뜩 매달려 있었지요. 모두 놀라 와 하고 감탄사를 내뱉자, 강반달이 이때다 싶어 아는 체를 했어요.

“멋있지? 저기 천장에 고드름같이 달려 있는 돌은

'종유석'이라고 해. 바닥에 종유석을 거꾸로 뒤집은 모양으로 솟아오른 돌은 '석순'이라고 하지. 동굴 안에 종유석과 석순이 있다면 그 동굴은 석회암 동굴이야. 따라서 신비동굴도 석회암 동굴이라는 말씀!"

"벼 이삭은 익을수록 고개를 숙이는데, 강반달의 고개는 숙일 줄을 모르네."

전자기가 마치 시를 읊듯이 강반달을 놀렸어요. 전자기의 재치에 모두 한바탕 웃음을 터뜨렸지요.

그렇게 공터 끝으로 간 네 사람 앞에 세 갈래 동굴이 나타났어요. 동굴 위에는 각각 '영산재', '무학소', '의사로'라고 적힌 현판이 붙어 있었어요.

"아, 또 선택의 시간인가? 영산재, 무학소, 의사로……. 후, 어느 길로 가지?"

코를 후비던 조아해가 코딱지를 튕기며 중얼댔어요. 그때 근처에 분명 단서가 있을 거라며 이리저리 둘러보던 강반달이 소리쳤어요.

"선생님, 얘들아, 빨리 와 봐. 여기에 그림 두 장이 붙어 있어."

"어, 이상한데? 그림이 똑같아!"

가장 먼저 달려온 전자기가 그림의 이곳저곳을 살피며 말했어요. 그러자 그림을 동영상으로 촬영하던 조아해가 자신만만하게 말했어요.

"너희는 안 보여? 이 두 그림은 똑같아 보이지만 세 군데나 다르다고."

오른쪽 그림에서
왼쪽 그림과 다른 곳
세 군데를 찾아보세요.

정답은 122쪽에!

"뭐? 세 군데나 다르다고? 어디가?"

뒤늦게 달려온 고란 선생님이 눈을 껌벅거리며 물었어요.

"그림을 꼼꼼히 잘 보세요. 왼쪽 그림의 까치가 오른쪽 그림에서는 학으로, 사슴은 소로, 할아버지가 짚은 지팡이는 무로 바뀌었잖아요."

"오, 그렇구나. 조아해의 눈썰미는 최고라니까!"

흥분한 고란 선생님이 큰 소리로 외쳤어요. 하지만 기쁨도 잠시, 네 사람은 그림의 일부가 다른 것이 무슨 뜻인지 몰라 또다시 고민에 빠졌지요. 그때 코를 파며 생각에 잠겨 있던 조아해가 자신도 모르게 코딱지를 입으로 가져가며 말했어요.

"혹시 저 앞에 있는 세 갈래 길 중 무학소길로 가라는 뜻이 아닐까? 오른쪽 그림에서 바뀐 학, 소, 무의 글자 순서를 바꾸어 보면 무학소가 되잖아."

모두의 입에서 탄성이 터져 나왔어요. 고란 선생님은 함박웃음을 지으며 손뼉을 쳤지요.

"와, 너희 정말 대단하구나. 진실은 언제나 하나라니까!"

신이 난 고란 선생님은 상황에 맞지도 않는 명탐정 코난의 대사를 외쳤어요.

무학소 현판이 붙은 동굴 길은 몹시 좁았어요. 조심조심 동굴 길을 통과하니, 아까보다 더 너른 공간이 펼쳐졌지요. 한쪽 벽에서는 시원한 폭포가 내려와 물길을 이루며 흘러가고 있었어요. 가운데에는 제단처럼 생긴 높다란 바위 하나가 솟아 있고, 그 위에는 작은 상자 하나가 놓여 있었어요.

"저기 저 상자, 보물 상자가 아닐까?"

쌍안경으로 보다가 가장 먼저 상자를 발견한 강반달이 설레발을 치자 모두 난리가 났어요.

쏴아아
저기 봐!

"끼야호! 이거 꿈 아니지? 전자기, 내 볼 좀 꼬집어 볼래?"

신이 난 조아해가 너스레를 떨었어요. 한시라도 빨리 보물을 찾고 싶은 마음에 네 사람은 서둘러 바위 위로 올라갔어요. 바위가 생각보다 가팔라 올라가기가 힘들었어요. 듬직한 강반달이 먼저 올라가 고란 선생님과 조아해, 전자기의 손을 잡아 끌어 올려 주었지요.

바위로 올라온 네 사람은 보물 상자 앞에 섰어요. 상자는 살짝 금박이 벗겨지긴 했지만 귀한 자태를 뽐냈어요. 그런데 아무리 살펴봐도 상자를 여는 열쇠가 없었어요.

"내가 이럴 줄 알았어. 보물이 이렇게 쉽게 우리 손에 들어올 리가 없지. 아휴."

고란 선생님이 실망했는지 한숨을 푹 쉬었어요.

그때 돋보기로 상자를 살펴보던 전자기의 눈이 반짝 빛났어요.

"어? 여기 상자 밑바닥에 글씨가 쓰여 있는데?"

"그래? 열쇠가 있는 장소를 알려 주는 힌트일지도 몰라. 빨리 읽어 봐."

조아해의 재촉에 전자기가 또박또박 읽었어요.

"단 한 번? 꼭 단 한 번이어야 하나?"

조아해가 고개를 갸우뚱거리며 중얼거렸어요.

"그러게. 너무 빡빡한데?"

맞장구를 치던 강반달의 눈이 번쩍 뜨였어요.

"가만, 오케이! 그 말은 열쇠가 있다는 얘기잖아!"

강반달이 예리한 눈으로 주위를 둘러보는데, 바위 위 움푹 들어간 곳에 꽂힌 열쇠들이 보였어요. 열쇠는 모두 6개였는데, 한 줄로 쭉 꽂혀 있었지요.

"여기 열쇠가 있어!"

강반달이 가리킨 곳을 보고 모두 환호성을 질렀어요. 고란 선생님이 환히 웃으며 말했어요.

"호호, 그럼 이제 열쇠를 하나씩 꽂아서 상자를 열어 보면 되겠구나."

고란 선생님이 맨 왼쪽 열쇠를 뽑으려는 순간, 조아해가 다급한 목소리로 "잠깐만요!" 하고 외쳤어요.

깜짝 놀란 고란 선생님은 팔을 멈칫한 채로 조아해를 쳐다보았지요.

"선생님, 좀 전에 전자기가 읽어 준 말은 자석에 붙는 열쇠로 단 한 번에 상자를 열지 못하면 다시는 열 수 없다는 뜻이에요."

"어머, 정말이야?"

조아해의 말에 충격을 받았는지 고란 선생님은 얼굴이 새파랗게 질리며 그 자리에 풀썩 주저앉았어요.

전자기는 열쇠를 자세히 살펴보았어요. 그랬더니 열쇠 6개의 재료가 각각 달랐어요. 맨 왼쪽부터 각각 금, 나무, 은, 유리, 철, 플라스틱으로 만든 것이었지요. 열쇠를 살펴본 전자기는 자신만만한 표정으로 말했어요.

"후훗! 이 정도는 식은 죽 먹기지. 여기서 자석에 붙는 열쇠는 단 한 개뿐이거든."

정답은 122쪽에!

전자기가 막 열쇠를 뽑으려는 순간, 갑자기 조아해가 앞으로 쓱 나섰어요.

"이쯤은 나도 알아. 자석에 붙는 것은 금속이잖아. 여기서 금속은 금, 은, 철이고. 그럼 셋 중에 어느 것이 진짜 열쇠일까?"

"허!"

전자기가 어이없어하며 입을 떡 벌렸어요. 하지만 조아해는 아랑곳하지 않았지요.

"바로 금박을 입힌 저 보물 상자와 가장 잘 어울리는 이 금 열쇠가 진짜라는 말씀!"

말을 마친 조아해가 잽싸게 금 열쇠를 뽑았어요. 깜짝 놀란 전자기가 "아냐!" 하며 손을 뻗었지만, 이미 때는 늦었어요. 좀 전에 지나온 '무학소' 동굴에서 물이 콸콸 쏟아져 들어오기 시작했어요. 밖으로 나갈 유일한 길이 막히고 만 거예요. 순식간에 벌어진 일에 모두 몸이 얼어붙었는지 멍하니 서 있기만 했어요. 가장 먼저 정신을 차린 건 전자기였어요. 전자기는 재빨리 철로 된 열쇠를 뽑으며 소리쳤지요.

"선무당이 사람 잡는다더니, 금속이 다 자석에 붙진 않아. 이 중 자석에 붙는 금속은 철뿐이라고."

"미, 미안해. 난 몰랐어. 어떡해, 나 때문에……."

조아해는 어쩔 줄 몰랐어요. 그러는 동안, 물은 벌써 무릎까지 차올랐어요.

"으아아악! 물이 계속 들어와. 우린 물에 빠져 죽을 거야. 엉엉."

강반달과 조아해는 비명을 지르며 발만 동동 굴렀어요. 고란 선생님은 아이들을 진정시키느라 바빴지요. 하지만 고란 선생님도 뾰족한 수가 없기는 마찬가지였지요. 그때였어요. 아무 말 없이 손톱을 다급하게 물어뜯으며 생각하던 전자기가 소리쳤어요.

"지금 당장 뜯지 않은 과자랑 생수병을 모두 꺼내. 생수병은 물을 전부 쏟고. 빨리!"

세 사람은 영문도 모른 채 바삐 움직였어요.

"이번엔 뜯지 않은 과자 봉지와 빈 생수병을 테이프로 둘둘 말아 연결할 거야. 바로 구명보트를 만드는 거지. 도와줘. 시간 없어!"

그사이에도 물은 계속 쏟아져 들어와 허벅지까지 차올랐어요. 조아해가 중얼거렸어요.

"이까짓 게 우리 네 사람을 물에 띄울 수 있을까?"

"걱정 마. 백지장도 맞들면 낫다고 했어. 그리고 사실은 네 생각보다 훨씬 안전해. 뜯지 않은 과자 봉지와 빈 생수병에는 공기가 들어 있거든. 공기는 물과 같은 부피일 때 물보다 훨씬 가볍기 때문에 물에 뜨는 거야. 게다가 물에 닿는 곳을 넓게 만들었잖아? 그럼 물이 물체를 밀어내는 힘인 부력이 지구가 물체를 잡아당기는 힘인 중력보다 훨씬 커져서 우리 네 사람이 모두 매달려도 끄떡없어."

전자기의 말에 모두 미심쩍은 표정을 지었지만, 어느새 물이 아이들의 허리까지 차오르자 네 사람은 과자 봉지와 생수병 보트에 매달렸어요. 그 직전에 강

중력
공기
부력
물

반달은 보물 상자를 얼른 배낭에 넣었지요. 그런데 보트가 정말로 물에 둥실 뜨는 게 아니겠어요?

"오! 정말 가라앉지 않고 계속 물에 떠 있네?"

강반달이 신기해하자 고란 선생님이 부끄러워하며 말했어요.

"어떻게 절체절명의 위기에서도 당황하지 않고 이런 생각을 해 내는지 놀라울 뿐이야. 어른인 내가 부끄러울 정도야. 전자기, 네가 우리 모두를 살렸어."

"잘난 척 대마왕, 진짜 대단해. 인정!"

조아해도 강반달도 입에 침이 마르도록 전자기를 칭찬하자 전자기는 손가락으로 브이 자를 그리며 빙그레 웃었어요. 한숨을 돌린 네 사람은 과자 봉지와 생수병 보트에 매달린 채 물길을 떠내려왔어요.

얼마를 떠내려왔을까요? 커다란 종유석에 매달린 현수막 같은 것이 보였어요. 가장 먼저 발견한 강반달이 소리쳤어요.

"저기 봐. '水+home'이라고 쓰여 있는데?"

강반달은 이어서 더 크게 소리를 질렀어요.

"어? 현수막이 또 있어. 저 앞에 두 개의 물길로 갈라지기 시작되는 동굴 위에 말이야."

"어머어머. 한쪽에는 '개미', 또 다른 쪽에는 '붕어'라고 쓰여 있구나. 그렇다면 맨 앞에 있는 현수막의 '水+home'은 두 개의 동굴 중에 하나를 선택하는 힌트가 분명해. 진실은 언제나 하나거든!"

고란 선생님이 짐짓 아는 체를 했어요. 하지만 '水+home'이 무엇을 뜻하는지는 설명하지 못했지요. 그러자 강반달이 사방을 두리번거리며 말했어요.

"선생님, 알았어요. 전 천재인가 봐요, 헤헤. '水'는 물, 'home'은 집이잖아요. 그러니까 '水+home'은 이 둘을 더한, 물이 집인 동물을 찾으라는 거예요."

개미
붕어
水 + home

출발!
개미
붕어
잠자리
오징어
물거미
무당벌레
사슴벌레
메기
물에 사는 동물의 이름이 쓰인
현수막을 따라가 멋지게
미로를 탈출해 보세요.

달팽이
탈출
우렁이
상어
다람쥐
소금쟁이
매미
가오리
까치
아하! 그렇구나.
이름에 '물' 자가 붙었으면 물에 사는 동물일 가능성이 커.
정답은 122쪽에!

"어머어머, 어쩜 내 생각이랑 똑같니? 나도 그렇게 말하려고 했는데……."

고란 선생님이 맞장구를 치자 강반달은 눈을 똥그랗게 떴어요.

"진짜요? 우리 통했나 봐요, 헤헤."

"에이, 아닌 것 같은데요? 그럼 나머지는 선생님이 설명해 주세요."

전자기가 얄미운 말투로 떠보자, 고란 선생님은 새침하게 웃으며 대답을 슬쩍 피했어요.

"아냐, 나머지 설명도 강반달에게 들어. 강반달이 끝까지 마무리해야지."

이리저리 스마트폰의 방향을 조심스레 바꾸며 동영상을 찍던 조아해가 대뜸 강반달에게 물었어요.

"물이 집이라니 그게 무슨 뜻이야? 뜸 들이지 말고 얼른 말해."

조아해가 재촉하자 강반달이 기분 좋은 듯 싱글거리며 대답했어요.

"오케이, 보채는 건 거기까지! 여러 가지 동물들을 관찰하면 동물이 보이는 특징의 공통점과 차이점을 알 수 있어. 그러면 그 특징에 따라 기준을 세워 동물들을 나눌 수 있지. 날개가 있는 동물과 없는 동물, 다리가 있는 동물과 없는 동물 등으로 말이야. 이때 동물이 사는 곳에 따라서도 나눌 수 있어. 땅에 사는 동물, 물에 사는 동물 등으로 말이야. 물이 집인 동물은 물에 사는 동물을 뜻하지 않겠어? 네가 강이나 바다에 갔을 때 봤던 동물들을 떠올려 봐."

"알았어. 음, 지난번에 꽃담 아쿠아리움에 갔을 때 본 동물들을 생각하면 되겠구나."

조아해는 곰곰 생각하다가 생각이 난 듯 얼굴 표정이 밝아졌어요.

민물관에서는 붕어, 메기, 다슬기 등을 봤고,
바다관에서는 가오리, 조개, 상어 등을 본 기억이 나.
붕어
메기
다슬기
가오리
조개
상어

물 위를 다니는 소금쟁이, 물속에 공기 방울 집을 짓는 물거미, 논바닥에 붙어 사는 우렁이 등도 물에 살지.
소금쟁이
물거미
우렁이

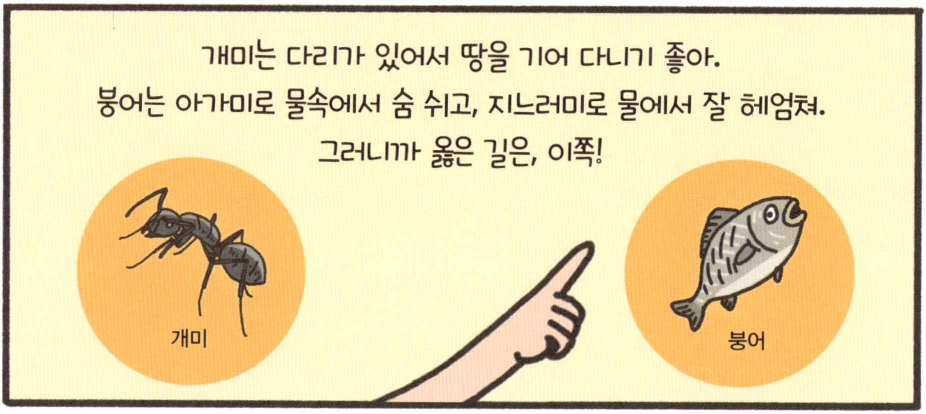
개미는 다리가 있어서 땅을 기어 다니기 좋아.
붕어는 아가미로 물속에서 숨 쉬고, 지느러미로 물에서 잘 헤엄쳐.
그러니까 옳은 길은, 이쪽!
개미
붕어

강반달의 활약으로 네 사람은 미로 같은 동굴 속 물길을 무사히 빠져나와 산 아래 강가에 도착했어요. 네 사람은 서로 얼싸안고 펄쩍펄쩍 뛰며 기쁨을 나누었지요. 그러고 나서 강반달이 전자기에게 손을 내밀었어요. 눈치 빠른 전자기가 두말 않고 열쇠를 찾아 강반달에게 주었어요. 열쇠를 받은 강반달은 가방에서 조심스레 보물 상자를 꺼냈어요. 그리고 열쇠 구멍에 열쇠를 꽂고 천천히 돌렸지요. 그 순간, 동영상을 찍던 조아해가 짜증을 냈어요.

"에잇, 덩치 너 왜 그렇게 열쇠를 빨리 꽂아? 그리고 열쇠 좀 우아하게 돌릴 수 없어?"

화가 난 강반달은 조아해를 노려보았어요.

"야, 수다맨! 열쇠를 어떻게 천천히 꽂니? 그리고 난 원래 '우아'하고는 거리가 멀거든? 그러니까 그만 좀 찡찡대."

강반달이 씩씩대자 조아해는 강반달의 눈치를 슬쩍 보더니 대뜸 모두에게 문제를 냈어요. 철로 만든 열쇠를 보니 나연산의 아재 개그가 생각났다나요?

조아해의 썰렁한 아재 개그에 씩씩대던 강반달까지 피식 웃고 말았어요. 그런데 또다시 고란 선생님이 배를 잡고 깔깔 웃기 시작했어요.

"호호호. 정말 재밌다. 나연산이라는 아이도 김영롱 선생님을 닮아서 위트가 넘치는구나."

아이들은 어이가 없었어요. 하지만 보물 상자를 열 생각에 다시 들떴어요. 강반달이 열쇠를 돌리자 마침내 철커덕 소리와 함께 보물 상자가 열렸어요.

“엥? 이게 뭐야?”

아이들과 고란 선생님은 깜짝 놀랐어요. 보물 상자 안에는 금도, 은도, 보석도 아닌 특이한 물건이 들어 있었기 때문이지요. 그 물건은 바로 손으로 직접 그린 설계도와 타자로 친 편지였어요. 편지에는 다음과 같이 쓰여 있었어요.

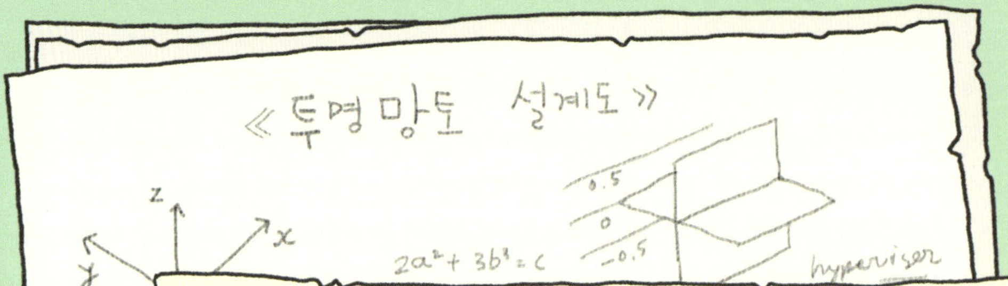

<투명 망토 설계도>를 찾아낸 후손에게

나는 연구밖에 모르고 살던 과학자 고차원이라고 한단다.

우연히 내가 투명 망토를 발명하면서 내 삶은

복잡하게 꼬여 버렸지.

이 사실을 어떻게 알고, 나쁜 놈들이 내 연구실로

설계도를 훔치러 왔기 때문이야.

다행히 아무 일도 없었지만, 만약 투명 망토 설계도가

나쁜 놈들의 손에 들어가면 이 세상은

무법천지가 될 게 뻔했어.

그래서 나는 아무도 모르게 고향인 신비도로 돌아와

설계도를 이곳에 숨겨 놓았단다.

내 인생과 맞바꾼 이 설계도를 부디 좋은 일에 써 주렴.

20**. 4. 20. 고차원

"투명 망토? 어머, 이건 입으면 몸이 안 보인다는 그 망토잖아?"

고란 선생님의 말에 조아해가 음흉한 미소를 지으며 대꾸했어요.

"맞아요! 저는 투명 망토 입고 방송국에 몰래 들어가서 연예인들을 잔뜩 보고 싶어요. 헤헤."

"난 엄마 모르게 게임이나 실컷 하고 싶어."

"난 비싼 고깃집에 가서 한우나 마음껏 먹을 테야."

잇따른 전자기와 강반달의 말에 고란 선생님은 깜짝 놀랐어요.

"얘들이 지금 무슨 말을 하는 거야? 투명 망토를 너희처럼 사용하면 이 세상엔 각종 범죄가 넘쳐 날 거야. 할아버지가 투명 망토 설계도를 숨겨 놓으실 만했네. 너희 같은 어린이들도 이런 허황된 생각을 하는데, 어른들은 오죽하겠니?"

고란 선생님의 꾸중에 아이들은 기가 팍 죽었어요.

"아무래도 안 되겠다. 이 설계도는 나라에 기증해야겠어. 좋은 일에 쓰려면 그 길밖에 없어."

고란 선생님이 단호하게 말했어요. 아이들은 힘없이 고개를 끄덕였지요. 그런데 아쉬운 듯 설계도를 넘겨 보던 전자기와 조아해가 갑자기 킥킥 웃으며 속닥거리지 뭐예요?

"야, 죄송한 말씀이지만 할아버지 글씨 너무 못 쓰신다. 누가 만들지 몰라도 설계도의 할아버지 글씨 알아보려면 고생 좀 하겠어."

"그러게. 이게 대체 0이야, 6이야? 이건 n인지 h인지 헷갈려서 당최 알 수가 없네."

그 말을 들은 고란 선생님은 속으로 뜨끔하며 '내가 글씨를 못 쓰는 건 할아버지에게서 물려받은 건가?' 하고 생각했답니다.

일주일 뒤, 고란 선생님이 세 아이를 불러 꽃담 마을 홈페이지를 보여 주었어요. 거기에는 '신비도의 비밀을 밝힌 꼬마 명탐정들!'이라는 머리기사와 함께 아이들의 사진이 대문짝만하게 실려 있었지요.

"오, 잘난 척 대마왕, 사진 잘 나왔는데?"

강반달의 말에 전자기가 으스대며 대답했어요.

"잘 나온 게 아니고, 원래 잘생긴 거야. 사진은 거

▲ 이번 사건에서 맹활약한 조아해, 전자기, 강반달 어린이

짓말을 안 하거든.”

전자기의 얄미운 농담에 조아해가 똥침을 놓으며 장난을 했어요. 그때 고란 선생님이 아이들의 손을 꼭 잡으며 안경 너머로 눈을 반짝였어요.

“너희는 이제 유명한 명탐정이야. 너희가 힘을 합치면 명탐정 코난보다 더 뛰어난 활약을 할 수 있다고. 그러니 본격적으로 탐정단을 만드는 건 어때?”

“탐정단요?”

“그래, 내가 이름도 생각해 놨지. ‘과학 탐정스’! 어때? 이름도 멋지지?”

“네, 좋아요. 우리 학교에서 일어나는 사건쯤은 앞으로 저희에게 맡겨 주세요.”

아이들은 힘차게 고개를 끄덕이며 대답했어요. 아이들의 얼굴에 웃음이 피어났어요.

“그럼 과학 탐정스를 위해 파이팅 할까? 파이팅!”

"파이팅!"

만족한 듯 얼굴에 미소를 띤 고란 선생님이 주먹을 쥐며 외치자, 아이들도 손을 모아 파이팅을 외쳤어요. 비록 전자기는 '멋진 옷을 좀 더 사 달래야겠어.', 강반달은 '탐정 배지를 만들어야지.', 조아해는 '구독자 수가 완전 많이 늘겠는데?'라며 각자 다른 생각을 하고 있었지만 말이에요.

정답

32~33쪽

43쪽

59쪽

66쪽

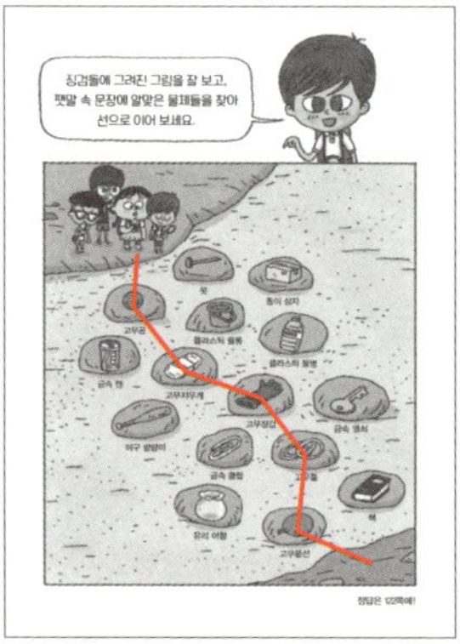

91쪽

99쪽

108~109쪽

과학 탐정스 1권에서는
초등 과학 교과에서 배우는
내용을 만날 수 있어.

제1장 **베일에 싸인 신비도**	• 5학년 2학기 과학 2. 생물과 환경
제2장 **위기에 빠진 아이들**	• 3학년 2학기 과학 1. 물체와 물질 • 3학년 1학기 과학 4. 생물의 한살이 • 6학년 1학기 과학 5. 빛과 렌즈
제3장 **밝혀진 비밀**	• 4학년 1학기 과학 1. 자석의 이용 • 3학년 1학기 과학 2. 동물의 생활 • 3학년 2학기 과학 1. 물체와 물질

출발!
2권에서는
과학 탐정스가 놀이공원에 간대.
어떤 모험이 펼쳐질까?
과학 탐정스와 함께하자!